Impressum
Verlag: BABADADA GmbH, Nedderfeld 112 , 22529 Hamburg
Geschäftsführer / Verlagsleitung: Harald Hof
Druck: Books on Demand GmbH, In de Tarpen 42, 22848 Norderstedt

Imprint
Publisher: BABADADA GmbH, Nedderfeld 112 , 22529 Hamburg, Germany
Managing Director / Publishing direction: Harald Hof
Print: Books on Demand GmbH, In de Tarpen 42, 22848 Norderstedt, Germany

# skola

## 学校

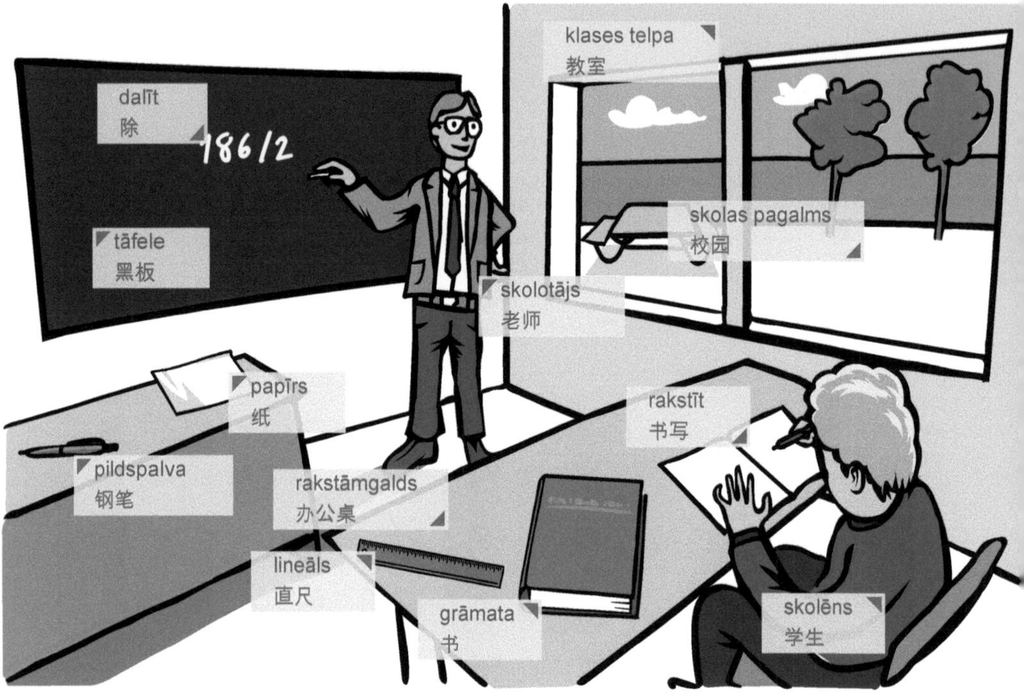
klases telpa
教室
dalīt
除
186/2
tāfele
黑板
skolas pagalms
校园
skolotājs
老师
papīrs
纸
rakstīt
书写
pildspalva
钢笔
rakstāmgalds
办公桌
lineāls
直尺
grāmata
书
skolēns
学生

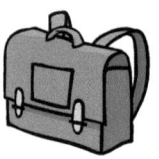

skolas soma

书包

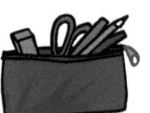

penālis

铅笔盒

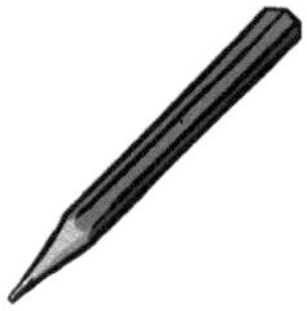

zīmulis

铅笔

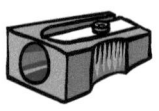

zīmuļu asināmais

卷笔刀

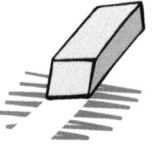

dzēšgumija

橡皮擦

zīmēšanas bloks

画板

zīmējums

图画

ota

画笔

krāsas

颜料盒

šķēres

剪刀

līme

胶水

darba burtnīca

练习册

mājas darbs

家庭作业

skaitlis

数字

saskaitīt

加

atņemt

减

reizināt

乘

rēķināt

计算

burts

字母

alfabēts

字母表

vārds

字

teksts

课文

lasīt

读

krīts

粉笔

mācību stunda

上课

žurnāls

登记

eksāmens

考试

liecība

证书

skolas forma

校服

izglītība

教育

enciklopēdija

百科全书

universitāte

大学

mikroskops

显微镜

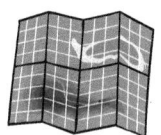

karte

地图

papīrgrozs

废纸筐

viesnīca
酒店

Grand

hostelis
青年旅社

ROOMS

valūtas maiņas punkts
外币兑换处

EXCHANGE

čemodāns
手提箱

automašīna
汽车

**Valoda**
语言

**jā / nē**
是/否

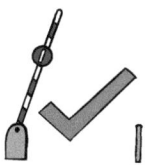

**Okay**
好的

**Sveiki!**
您好

**tulks**
翻译员

**paldies**
谢谢

Cik maksā...?

......多少钱？

Es nesaprotu

我不明白

problēma

问题

Labvakar!

晚上好！

Labrīt!

早上好！

Ar labu nakti!

晚安！

Uz redzēšanos

再见

virziens

方向

bagāža

行李

soma

包

mugursoma

双肩包

viesis

客人

istaba

房间

guļammaiss

睡袋

telts

帐篷

tūrisma informācija

旅游信息

pludmale

海滩

kredītkarte

信用卡

brokastis

早餐

pusdienas

午餐

vakariņas

晚餐

biļete

票

lifts

电梯

pastmarka

邮票

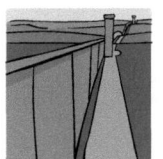

robeža

边界

muita

海关

vēstniecība

大使馆

vīza

签证

pase

护照

# transports

## 交通运输

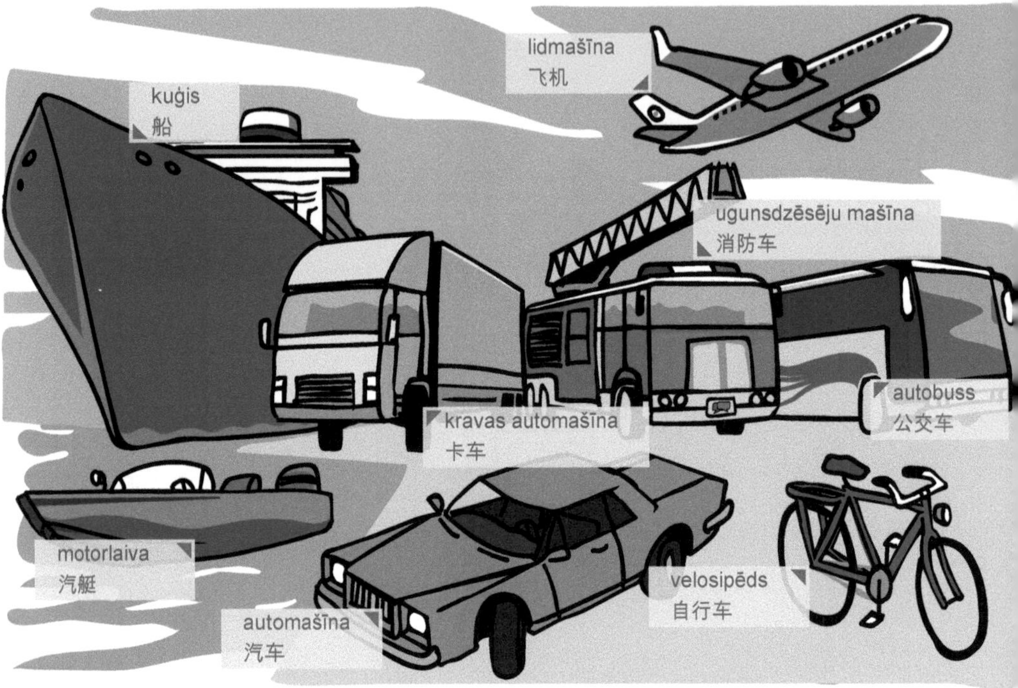
lidmašīna
飞机
kuģis
船
ugunsdzēsēju mašīna
消防车
autobuss
公交车
kravas automašīna
卡车
motorlaiva
汽艇
velosipēds
自行车
automašīna
汽车

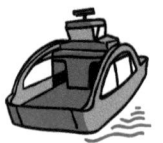

prāmis

摆渡船

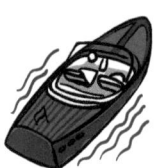

laiva

小船

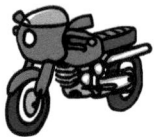

motocikls

摩托车

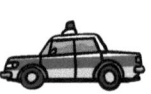

policijas automašīna

警车

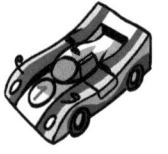

sacīkšu automobilis

赛车

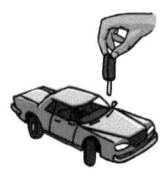

nomas auto

租车

auto koplietošana

拼车

evakuators

拖车

atkritumu mašīna

垃圾车

dzinējs

发动机

benzīns

汽油

degvielas uzpildes stacija

加油站

ceļa zīme

交通标志

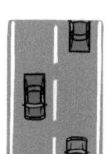

satiksme

交通

sastrēgums

交通堵塞

stāvvieta

停车场

dzelzceļa stacija

火车站

sliedes

轨道

vilciens

火车

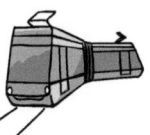

tramvajs

电车

vagons

货车

helikopters

直升机

lidosta

机场

tornis

塔

pasažieris

乘客

konteiners

集装箱

kaste

纸板箱

ratiņi

手推车

grozs

篮子

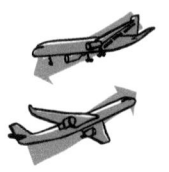

pacelties / nosēsties

起飞/降落

# pilsēta
## 城市

ciems

村庄

pilsētas centrs

市中心

māja

房子

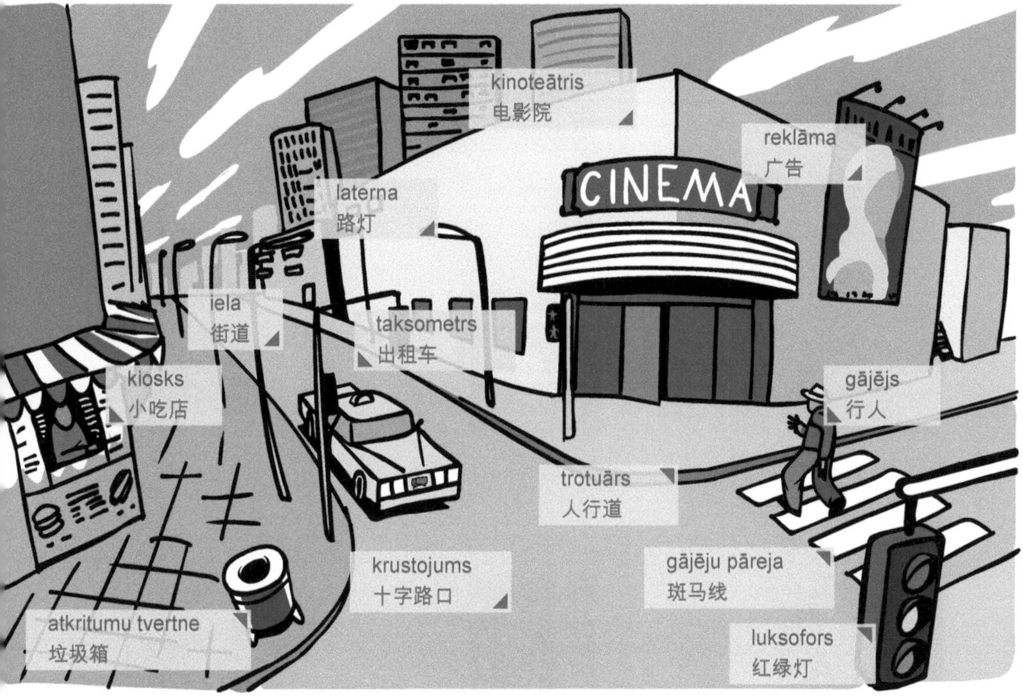
CINEMA
kinoteātris
电影院
reklāma
广告
laterna
路灯
iela
街道
taksometrs
出租车
kiosks
小吃店
gājējs
行人
trotuārs
人行道
krustojums
十字路口
gājēju pāreja
斑马线
atkritumu tvertne
垃圾箱
luksofors
红绿灯

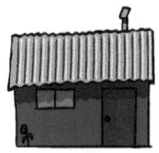

būda

小屋

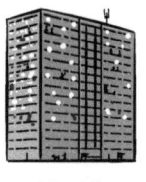

dzīvoklis

公寓

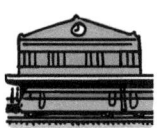

dzelzceļa stacija

火车站

rātsnams

市政厅

MUSEUM

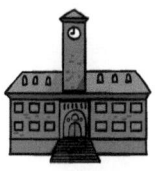

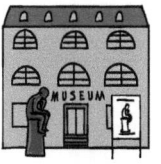

muzejs

博物馆

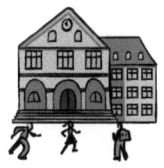

skola

学校

universitāte

大学

banka

银行

slimnīca

医院

viesnīca

酒店

aptieka

药房

birojs

办公室

grāmatnīca

书店

veikals

商店

ziedu veikals

花店

lielveikals

超市

tirgus

市场

tirdzniecības centrs

百货商店

zivju tirgotājs

鱼店

tirdzniecības centrs

购物中心

osta

海港

parks

公园

sols

长凳

tilts

桥

kāpnes

楼梯

metro

地铁

tunelis

隧道

autobusa pieturvieta

公交车站

bārs

酒吧

restorāns

餐馆

pastkastīte

邮筒

ielas nosaukuma plāksne

路标

stāvlaika skaitītājs

停车计时器

zooloģiskais dārzs

动物园

peldbaseins

游泳馆

mošeja

清真寺

zemnieku saimniecība

农场

vides piesārņojums

污染

kapsēta

墓地

baznīca

教堂

spēļu laukums

操场

templis

寺庙

# ainava
## 地形

lapa 树叶

ceļrādis 指示牌

ceļš 路

pļava 草地

akmens 石头

koks 树

ceļotājs 徒步旅行者

upe 河

zāle 草

puķe 花

ieleja

峡谷

kalns

山

ezers

湖

mežs

森林

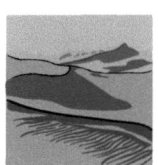

tuksnesis

沙漠

vulkāns

火山

pils

城堡

varavīksne

彩虹

sēne

蘑菇

palma

棕榈树

moskīts

蚊子

muša

苍蝇

skudra

蚂蚁

bite

蜜蜂

zirneklis

蜘蛛

vabole

甲虫

varde

青蛙

vāvere

松鼠

ezis

刺猬

zaķis

野兔

pūce

猫头鹰

putns

鸟

gulbis

天鹅

meža cūka

野猪

briedis

鹿

alnis

麋鹿

aizsprosts

水坝

vēja ģenerators

风力发电机

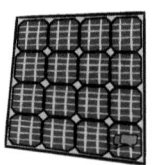

saules baterija

太阳能电池板

klimats

气候

# restorāns
# 餐馆

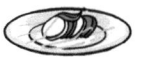

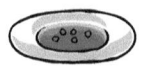

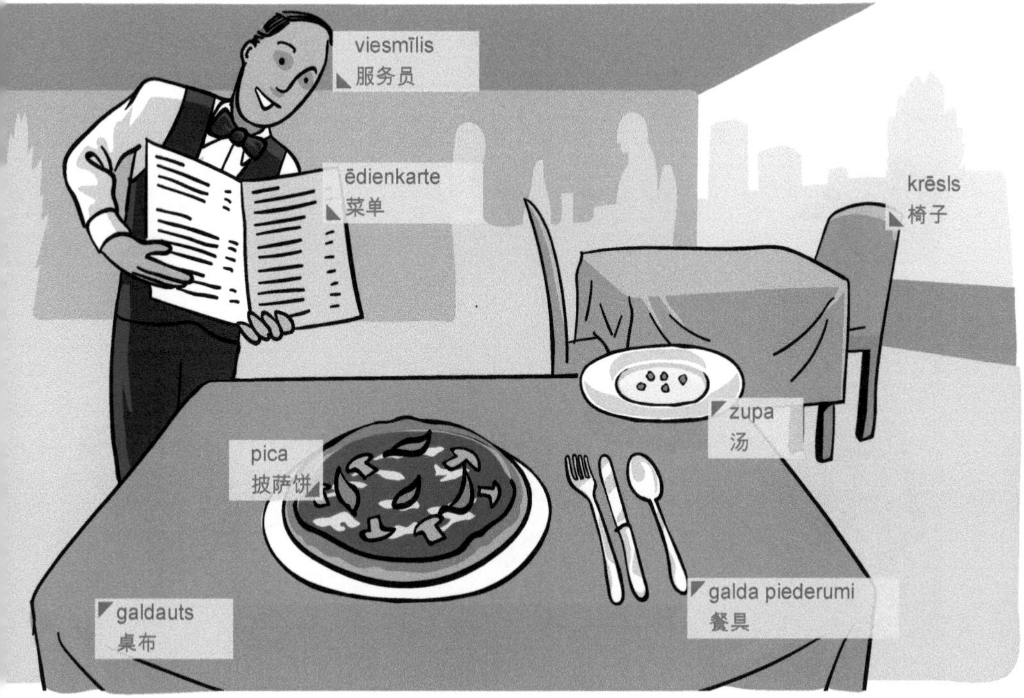
viesmīlis
服务员
ēdienkarte
菜单
krēsls
椅子
zupa
汤
pica
披萨饼
galda piederumi
餐具
galdauts
桌布

uzkoda
前菜

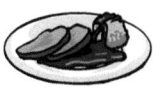

pamatēdiens
主菜

deserts
甜点

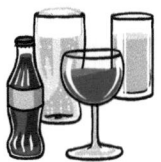

dzērieni
饮料

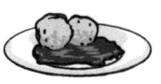

ēdiens
食物

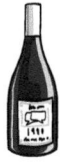

pudele
瓶子

ātrās uzkodas

快餐

ielu uzkodas

街边小吃

tējkanna

茶壶

cukurtrauks

糖盒

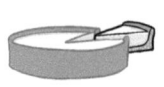

porcija

一份饭菜

espresso kafijas automāts

意式咖啡机

bāra krēsls

高脚椅

rēķins

账单

paplāte

托盘

nazis

刀

dakša

餐叉

karote

勺子

tējkarote

茶匙

salvete

餐巾

glāze

玻璃杯

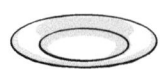

šķīvis
碟子

zupas šķīvis
汤盘

apakštase
碟子

mērce
酱

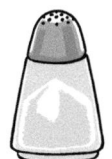

sāls trauciņš
盐瓶

piparu dzirnaviņas
胡椒磨

etiķis
醋

eļļa
食用油

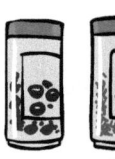

garšvielas
调味料

kečups
番茄酱

sinepes
芥末

majonēze
蛋黄酱

# lielveikals
## 超市

piedāvājums
特价
FOR
klients
顾客
piena produkti
乳制品
augļi
水果
iepirkumu ratiņi
购物车


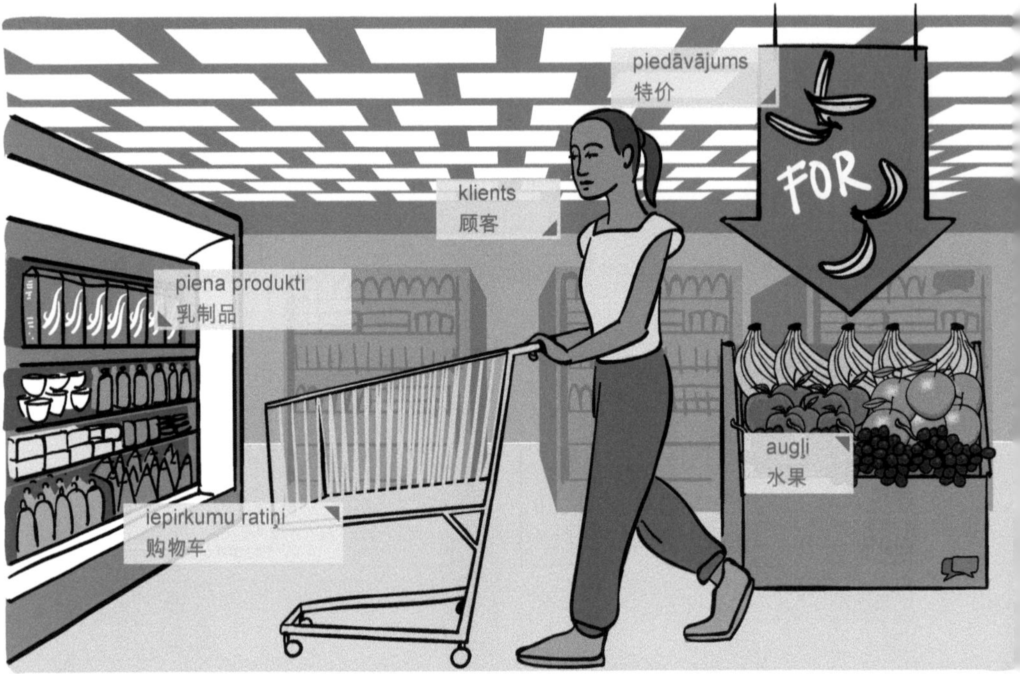

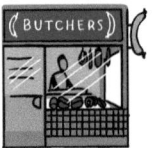

BUTCHERS


kautuve
肉铺

BAKERY


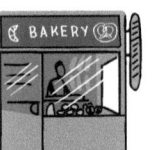

maizes veikals
面包房

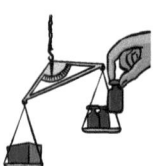

svērt
称重

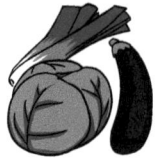

dārzeņi
蔬菜

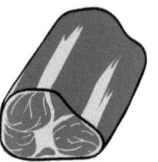

gaļa
肉

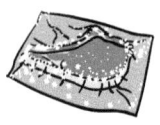

saldēti produkti
冷冻食品

aukstās gaļas uzkodas

冷盘

konservi

罐头食品

pulveris

洗衣粉

saldumi

甜食

mājsaimniecības preces

日用品

tīrīšanas līdzeklis

清洁用品

pārdevēja

销售员

kase

收银机

kasieris

收银员

iepirkumu saraksts

购物清单

darba laiks

开放时间

maks

钱包

kredītkarte

信用卡

soma

袋子

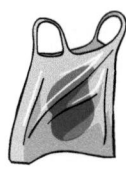

maisiņš

塑料袋

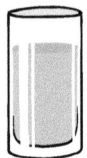

ūdens

水

sula

果汁

piens

牛奶

kola

可乐

vīns

红酒

alus

啤酒

alkohols

酒

kakao

可可

tēja

茶

kafija

咖啡

espresso

意式浓缩咖啡

kapučīno

卡布奇诺

banāns

香蕉

ābols

苹果

apelsīns

橙子

melone

西瓜

citrons

柠檬

burkāns

胡萝卜

ķiploks

大蒜

bambuss

竹子

sīpols

洋葱

sēne

蘑菇

rieksti

坚果

makaroni

面条

spageti

意大利面条

rīsi

米饭

salāti

沙拉

frī kartupeļi

薯条

cepti kartupeļi

炸土豆

pica

披萨饼

hamburgers

汉堡包

sviestmaize

三明治

šnicele

炸猪排

šķiņķis

火腿

salami

萨拉米

desa

香肠

vista

鸡肉

cepetis

烤肉

zivs

鱼

auzu pārslas

燕麦片

muslis

穆兹利

brokastu pārslas

玉米片

milti

面粉

radziņš

羊角面包

brokastu maizītes

面包卷

maize

面包

tostermaize

烤面包

cepumi

饼干

sviests

黄油

biezpiens

凝乳

kūka

蛋糕

ola

蛋

cepta ola

煎蛋

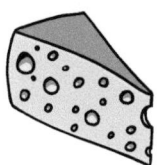

siers

奶酪

saldējums

冰激凌

cukurs

糖

medus

蜂蜜

marmelāde

果酱

riekstu krēms

巧克力酱

karijs

咖喱饭

zemnieka māja
农舍

salmu rullis
稻草捆

šķūnis
粮仓

lauks
田野

zirgs
马

piekabe
拖车

traktors
拖拉机

kumeļš
马驹

ēzelis
驴

jērs
羔羊

aita
羊

kaza
山羊

govs
奶牛

teļš
牛犊

cūka
猪

sivēns
小猪

bullis
公牛

zoss

鹅

pīle

鸭

cālis

小鸡

vista

母鸡

gailis

公鸡

žurka

鼠

kaķis

猫

pele

老鼠

vērsis

牛

suns

狗

suņa būda

狗屋

dārza šļūtene

花园浇水软管

lejkanna

洒水壶

izkapts

长柄大镰刀

arkls

犁

sirpis

镰刀

kaplis

锄头

mēslu dakša

长柄草耙

cirvis

斧头

ķerra

独轮手推车

sile

饲料槽

piena kanna

牛奶罐

maiss

麻布袋

žogs

栅栏

kūts

马厩

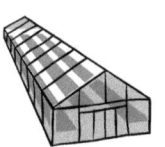

siltumnīca

温室

augsne

土壤

sēklas

种子

mēslojums

肥料

kombains

联合收割机

novākt ražu

收割

raža

收割

jamss

山药

kvieši

小麦

soja

大豆

kartupelis

土豆

kukurūza

玉米

rapsis

油菜籽

augļu koks

果树

manioka

树薯

labība

谷物

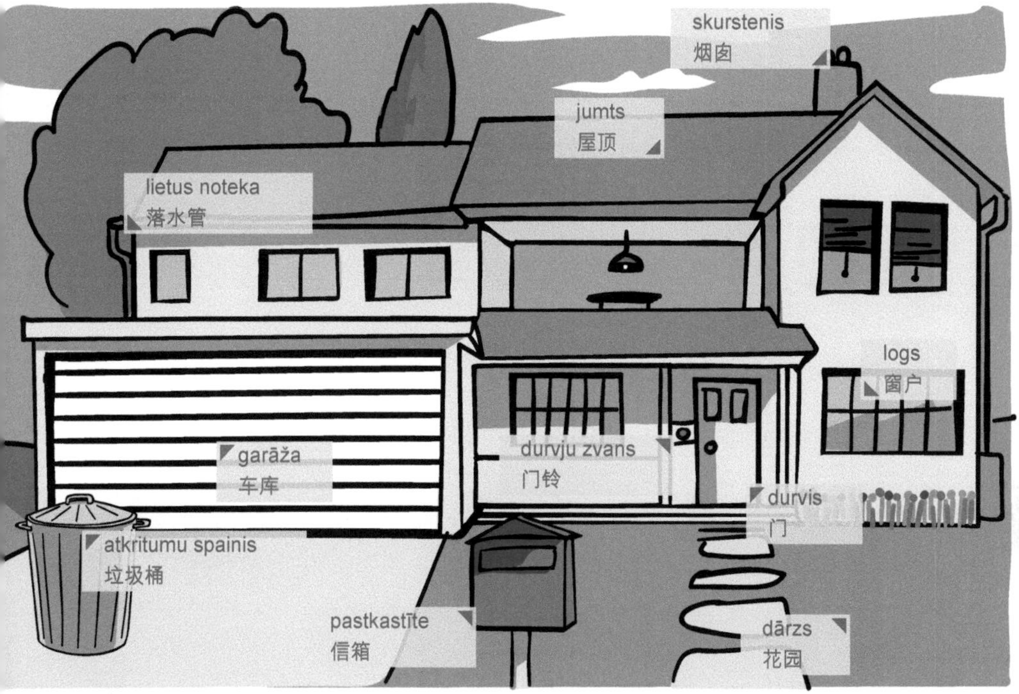

skurstenis
烟囱

jumts
屋顶

lietus noteka
落水管

logs
窗户

garāža
车库

durvju zvans
门铃

durvis
门

atkritumu spainis
垃圾桶

pastkastīte
信箱

dārzs
花园

viesistaba

客厅

vannas istaba

浴室

virtuve

厨房

guļamistaba

卧室

bērnu istaba

儿童房

ēdamistaba

餐厅

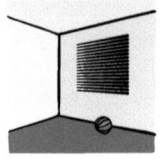

grīda

地板

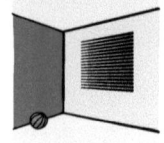

siena

墙壁

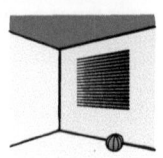

griesti

吊顶

pagrabs

地窖

sauna

桑拿

balkons

阳台

terase

露台

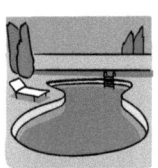

baseins

游泳池

zāles pļāvējs

割草机

gultas veļa

被单

sega

床罩

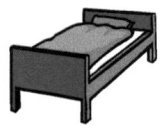

gulta

床

slota

扫帚

spainis

水桶

slēdzis

开关

# viesistaba
## 客厅

tapetes
壁纸
attēls
照片
lampa
台灯
plaukts
搁架
skapis
橱柜
televizors
电视机
kamīns
壁炉
puķe
花
spilvens
垫子
dīvāns
沙发
vāze
花瓶
tālvadības pults
遥控器

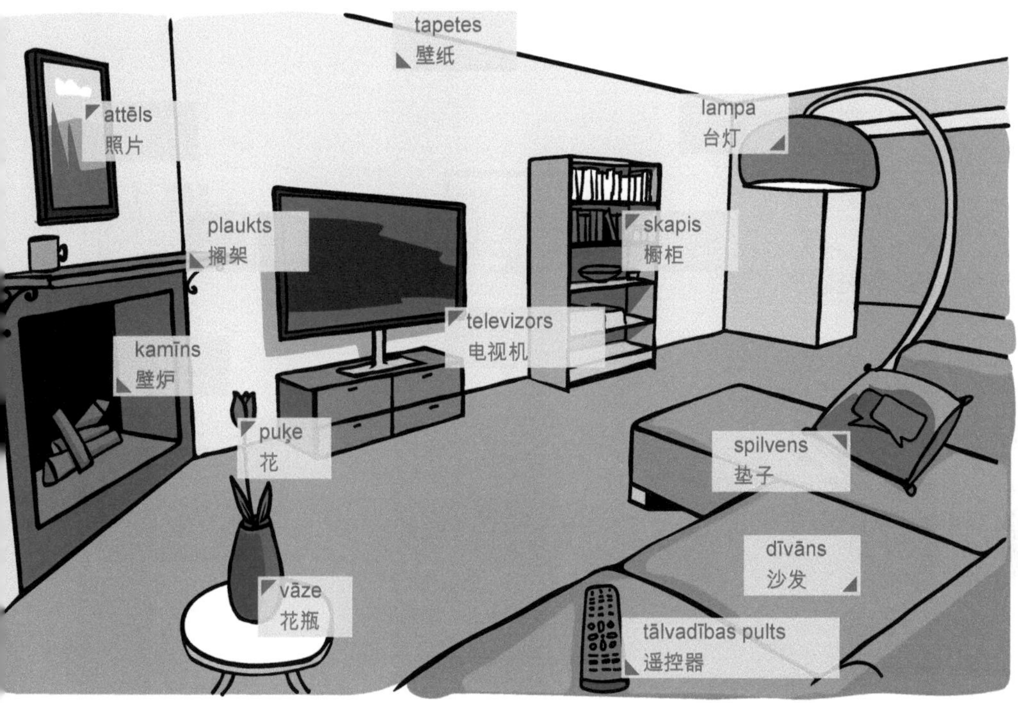

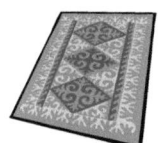

paklājs
地毯

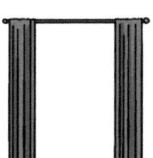

aizkars
窗帘

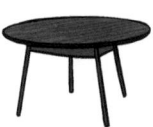

galds
餐桌

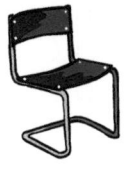

krēsls
椅子

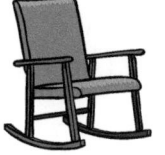

šūpuļkrēsls
摇椅

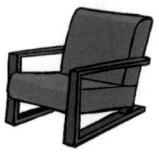

atpūtas krēsls
扶手椅

grāmata

书

sega

毯子

dekorācija

装饰品

malka

木柴

filma

电影

mūzikas centrs

高保真音响

atslēga

钥匙

avīze

报纸

glezna

油画

plakāts

海报

radio

收音机

pierakstu blociņš

笔记本

putekļu sūcējs

吸尘器

kaktuss

仙人掌

svece

蜡烛

# virtuve
## 厨房

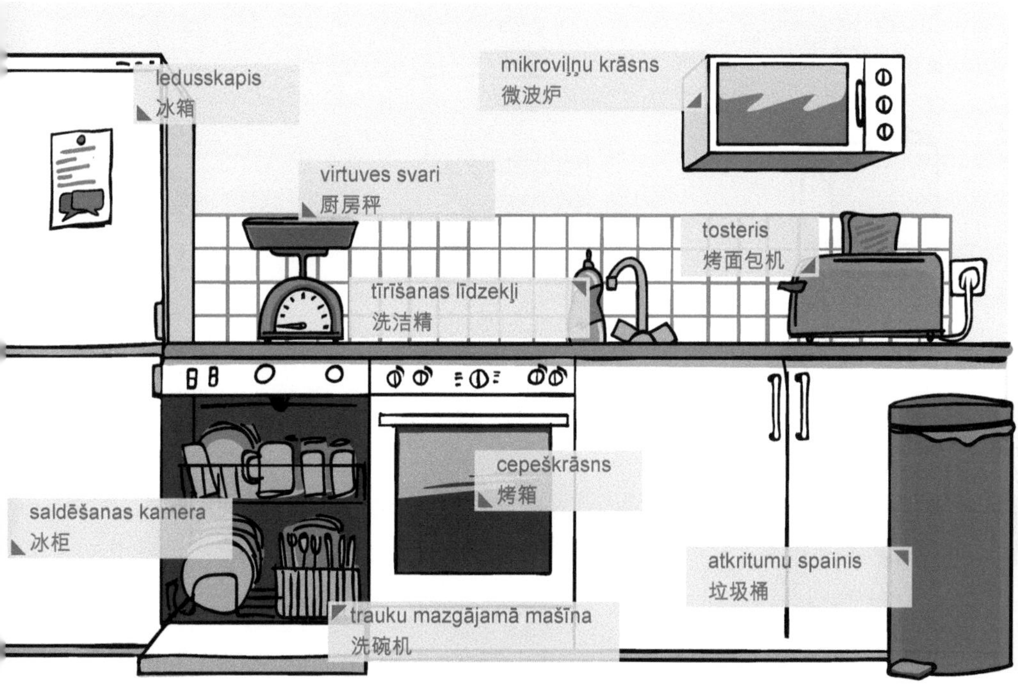
ledusskapis
冰箱
mikroviļņu krāsns
微波炉
virtuves svari
厨房秤
tosteris
烤面包机
tīrīšanas līdzekļi
洗洁精
cepeškrāsns
烤箱
saldēšanas kamera
冰柜
atkritumu spainis
垃圾桶
trauku mazgājamā mašīna
洗碗机

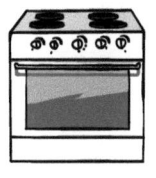

plīts

炊具

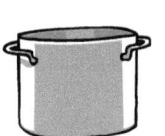

pods

锅

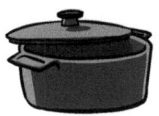

katls

铸铁锅

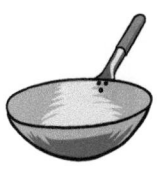

Wok panna

炒锅

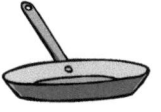

panna

平底锅

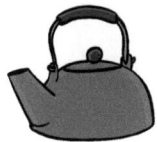

elektriskā tējkanna

水壶

tvaika katls

蒸锅

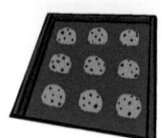

cepešpanna

烤盘

trauki

陶瓷锅

krūze

马克杯

bļoda

碗

irbulīši

筷子

kauss

长柄勺

lāpstiņa

铲子

putošanas slotiņa

搅拌器

sietiņš

滤网

siets

筛子

rīve

磨碎机

piesta

研钵

grilēt

烧烤

atklāts pavards

明火

dēlis

菜板

mīklas rullis

擀面杖

korķu viļķis

开瓶器

bundža

罐子

konservu nazis

开罐器

virtuves cimdi

隔热手套

izlietne

水槽

birste

刷子

sūklis

海绵

mikseris

搅拌机

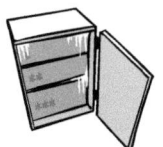

saldētava

冷藏箱

bērna pudelīte

奶瓶

ūdenskrāns

水龙头

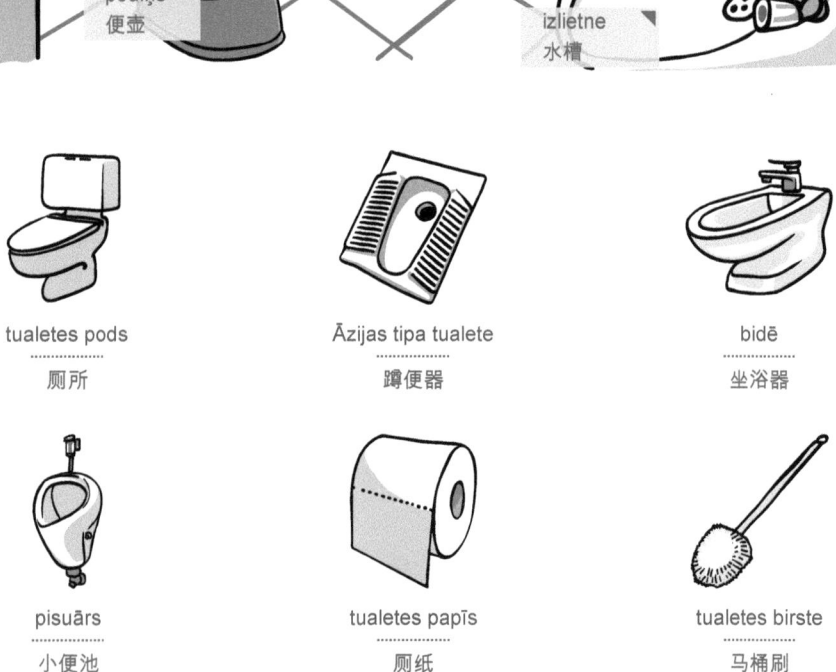

# vannas istaba
## 浴室

apkure
供暖设备
dvielis
毛巾
duša
淋浴
dušas aizkari
浴帘
vannas putas
泡沫浴
vanna
浴缸
glāze
玻璃杯
veļas mašīna
洗衣机
ūdenskrāns
水龙头
flīzes
瓷砖
podiņš
便壶
izlietne
水槽

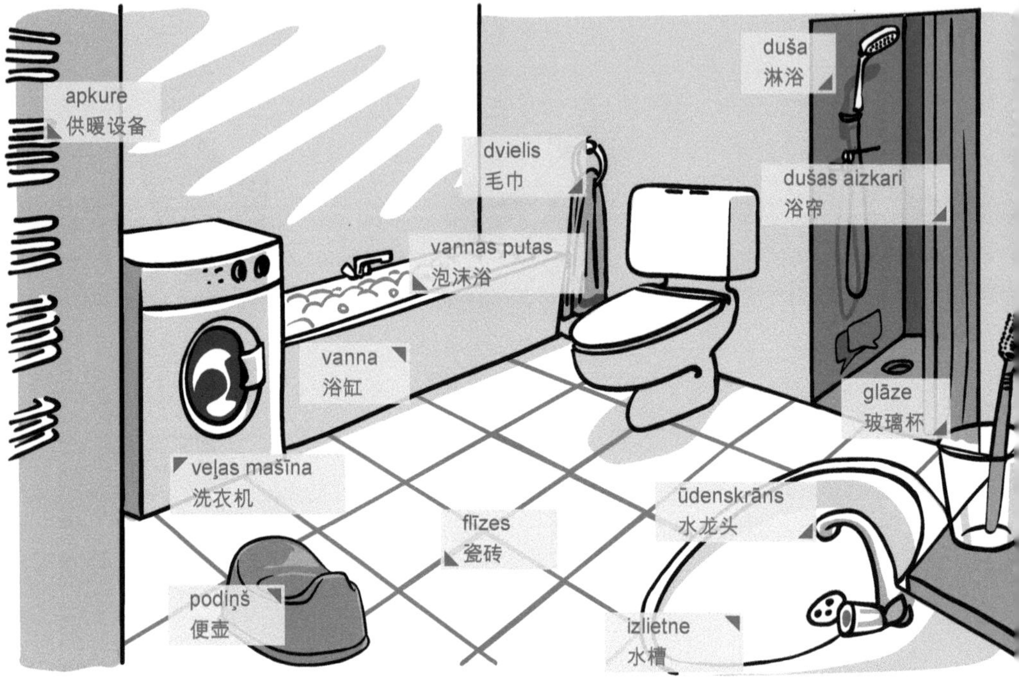

tualetes pods

厕所

Āzijas tipa tualete

蹲便器

bidē

坐浴器

pisuārs

小便池

tualetes papīs

厕纸

tualetes birste

马桶刷

zobu birste

牙刷

zobu pasta

牙膏

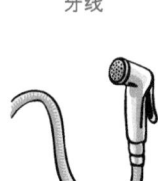

zobu diegs

牙线

mazgāt

洗

rokas duša

手持式喷淋头

duša

冲洗器

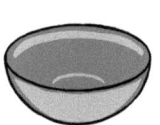

bļoda

洗脸盆

muguras mazgāšanas birste

擦背刷

ziepes

肥皂

dušas želeja

沐浴露

šampūns

洗发水

mazgāšanas drāna

法兰绒

noteka

排水

krēms

乳霜

dezodorants

除臭剂

spogulis

镜子

spogulītis

手镜

skuveklis

剃须刀

skūšanās putas

剃须泡沫

losjons pēc skūšanās

须后水

ķemme

梳子

matu suka

刷子

matu fēns

吹风机

matu laka

喷发定型剂

grima komplekts

化妆品

lūpu krāsa

唇膏

nagulaka

指甲油

vate

化妆棉

šķērītes

指甲剪

smaržas

香水

kosmētikas maks

洗漱包

ķeblītis

凳子

svari

计重秤

halāts

浴袍

tīrīšanas cimdi

橡胶手套

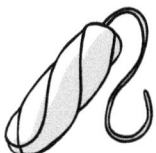

tampons

卫生棉条

pakete

卫生巾

ķīmiskā tualete

化学厕所

# bērnu istaba
# 儿童房

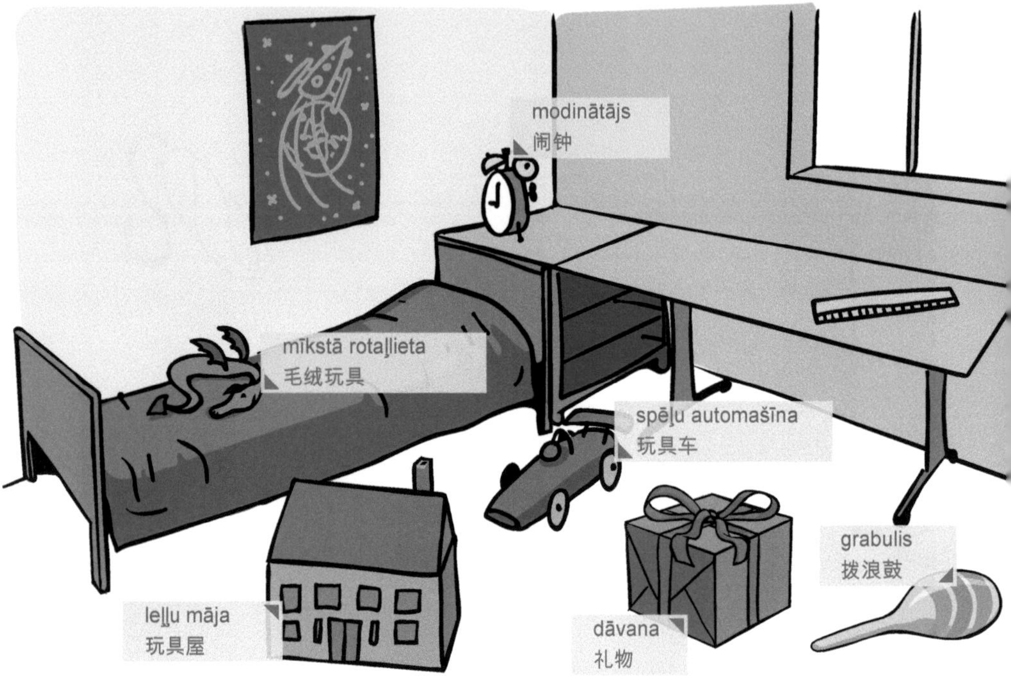
modinātājs
闹钟
mīkstā rotaļlieta
毛绒玩具
spēļu automašīna
玩具车
grabulis
拨浪鼓
leļļu māja
玩具屋
dāvana
礼物

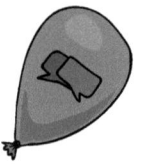

balons
气球

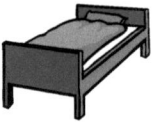

gulta
床

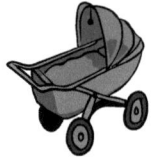

bērnu ratiņi
（洋娃娃用）婴儿车

kārtis
扑克牌

puzle
拼图

SUPER
MEGA

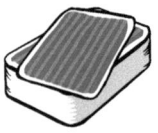

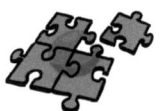

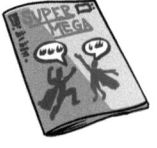

komikss
漫画

LEGO klucīši

乐高积木

klucīši

积木玩具

varoņu figūra

玩具人

rāpulītis

婴儿服

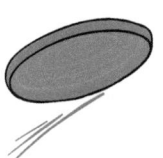

lidojošais šķīvītis

飞盘

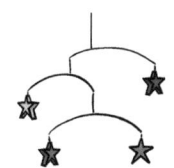

muzikālais karuselis

床铃玩具

galda spēle

棋盘游戏

metamais kauliņš

骰子

rotaļu dzelzceļš

火车模型

māneklis

安抚奶嘴

ballīte

聚会

bilžu grāmata

绘本

bumba

球

lelle

洋娃娃

spēlēt

玩

smilšu kaste

沙坑

šūpoles

秋千

rotaļlietas

玩具

spēļu konsole

游戏机

trīsritenis

三轮车

plīša lācītis

泰迪熊

drēbju skapis

衣柜

# apģērbs

# 衣服

īszeķes

袜子

zeķes

长袜

zeķbikses

紧身裤

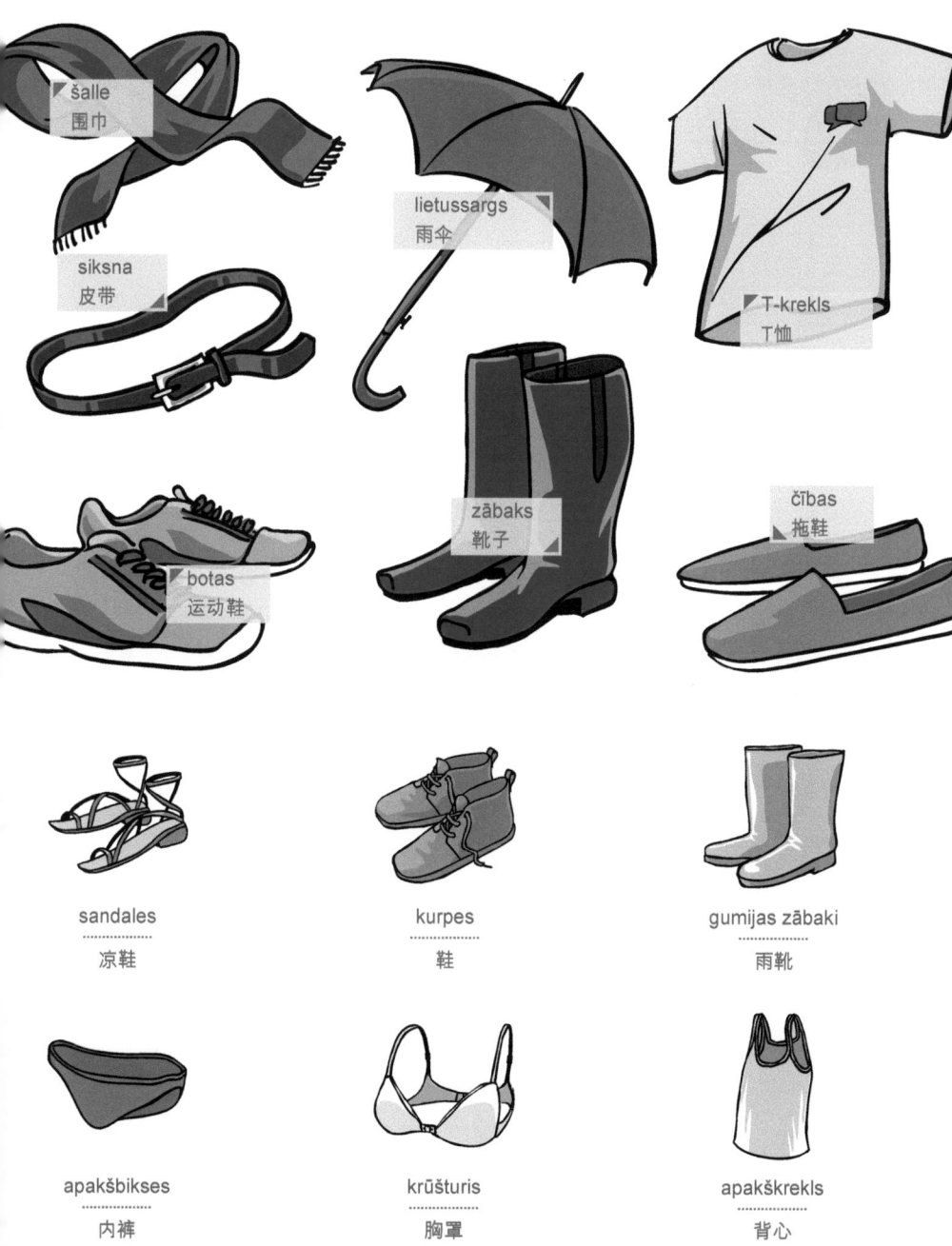

šalle
围巾

lietussargs
雨伞

T-krekls
T恤

siksna
皮带

zābaks
靴子

čības
拖鞋

botas
运动鞋

sandales

凉鞋

kurpes

鞋

gumijas zābaki

雨靴

apakšbikses

内裤

krūšturis

胸罩

apakškrekls

背心

**bodijs**

身体

**bikses**

裤子

**džinsi**

牛仔裤

**svārki**

短裙

**blūze**

女式衬衫

**krekls**

衬衫

**pulovers**

套头衫

**džemperis**

卫衣

**žakete**

西装夹克

**jaka**

夹克

**mētelis**

外套

**lietus mētelis**

雨衣

**kostīms**

套装

**kleita**

连衣裙

**kāzu kleita**

婚纱

uzvalks

西装

naktskrekls

睡袍

pidžama

睡衣

sari

莎丽

lakats

头巾

turbāns

包头巾

burka

波卡

kaftāns

卡夫坦

abaja

(阿拉伯式)长袍长袍

peldkostīms

泳衣

peldbikses

男式泳裤

šorti

短裤

treniņtērps

运动服

priekšauts

围裙

cimdi

手套

poga

纽扣

brilles

眼镜

rokassprādze

手链

kaklarota

项链

gredzens

戒指

auskars

耳环

cepure

便帽

drēbju pakaramais

衣架

platmale

帽子

kaklasaite

领带

rāvējslēdzējs

拉链

ķivere

头盔

bikšturi

背带

skolas forma

校服

uniforma

制服

priekšautiņš

围兜

māneklis

安抚奶嘴

autiņbiksītes

尿不湿

# birojs
## 办公室

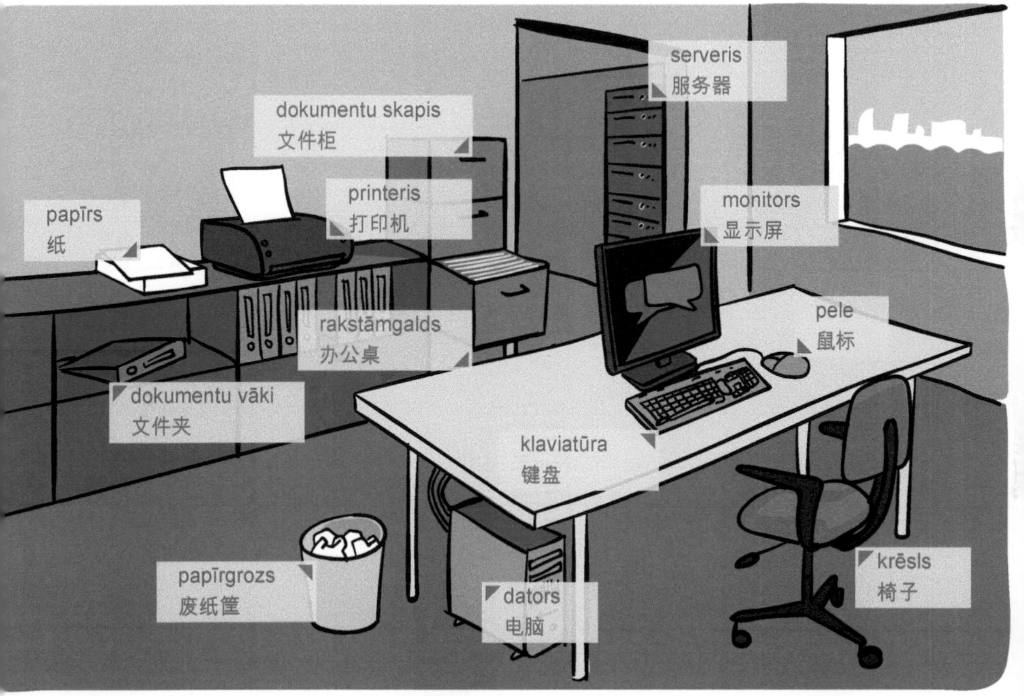

serveris
服务器

dokumentu skapis
文件柜

printeris
打印机

monitors
显示屏

papīrs
纸

pele
鼠标

rakstāmgalds
办公桌

dokumentu vāki
文件夹

klaviatūra
键盘

papīrgrozs
废纸筐

dators
电脑

krēsls
椅子

kafijas krūze

咖啡杯

kalkulators

计算器

internets

因特网

portatīvais dators

笔记本电脑

vēstule

信件

ziņa

消息

mobilais tālrunis

手机

tīkls

网络

kopētājs

复印机

programmatūra

软件

telefons

电话

rozete

插座

faksa aparāts

传真机

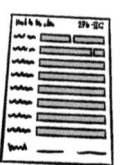

formulārs

表格

dokuments

文件

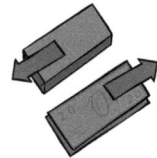

pirkt

买

samaksāt

付钱

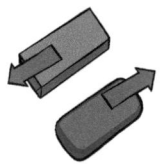

tirgot

交易

nauda

现金

dolārs

美元

eiro

欧元

jēna

日元

rublis

卢布

franks

瑞士法郎

juaņa renminbi

人民币

rūpija

卢比

bankomāts

提款处

valūtas maiņas punkts

外币兑换处

zelts

金

sudrabs

银

nafta

石油

enerģija

能源

cena

价格

līgums

合同

nodoklis

税金

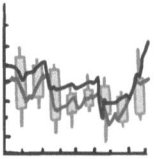

akcija

股票

strādāt

工作

darbinieks

职员

darba devējs

老板

fabrika

工厂

veikals

商店

# profesijas
## 职业

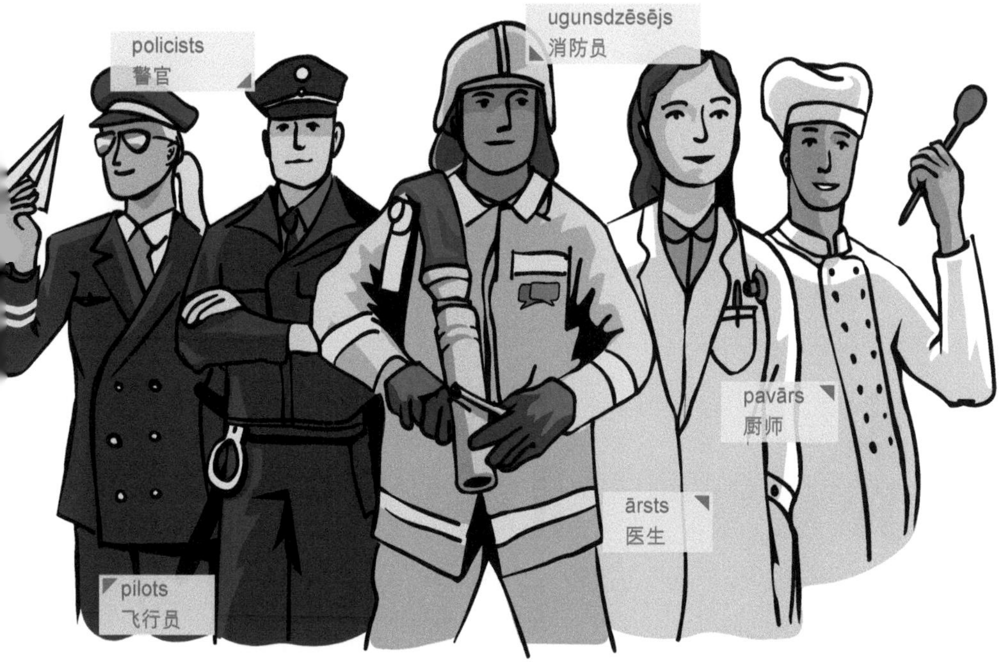
policists
警官
ugunsdzēsējs
消防员
pavārs
厨师
ārsts
医生
pilots
飞行员

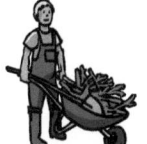

dārznieks

园丁

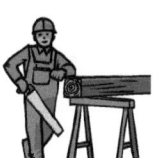

galdnieks

木匠

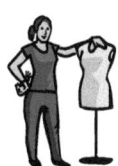

šuvēja

裁缝

tiesnesis

法官

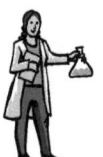

ķīmiķis

化学家

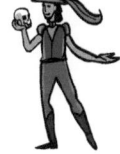

aktieris

演员

autobusa vadītājs

公交车司机

taksometra vadītājs

出租车司机

zvejnieks

渔夫

apkopēja

清洁女工

jumiķis

屋顶工

viesmīlis

服务员

mednieks

猎人

gleznotājs

画家

maiznieks

面包师

elektriķis

电工

celtnieks

建筑工人

inženieris

工程师

miesnieks

屠夫

skārdnieks

水管工

pastnieks

邮递员

karavīrs

士兵

arhitekts

建筑师

kasieris

收银员

florists

花农

frizieris

理发师

konduktors

售票员

mehāniķis

机械师

kapteinis

船长

zobārsts

牙医

zinātnieks

科学家

rabīns

拉比

imāms

伊玛目

mūks

和尚

mācītājs

牧师

# instrumenti

## 工具

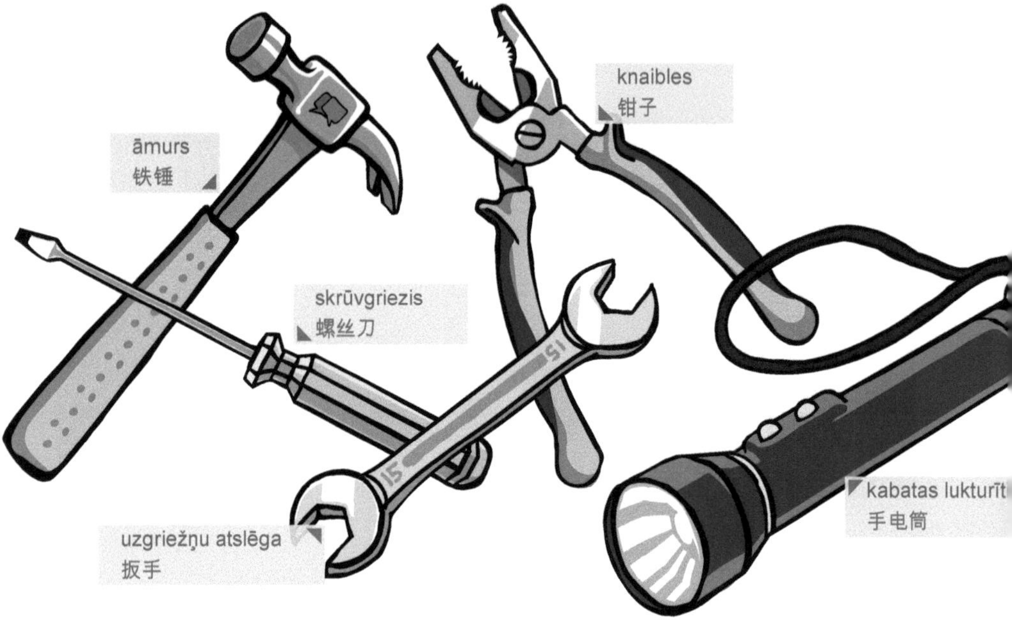

knaibles
钳子
āmurs
铁锤
skrūvgriezis
螺丝刀
kabatas lukturīt
手电筒
uzgriežņu atslēga
扳手


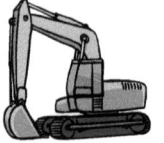

ekskavators

挖掘机

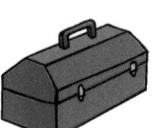

instrumentu kaste

工具箱

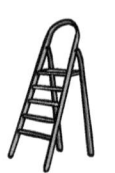

kāpnes

梯子

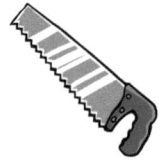

zāģis

锯子

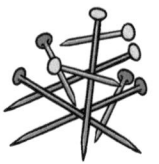

naglas

钉子

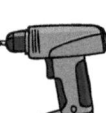

urbis

钻机

remontēt

修

lāpsta

铲子

Velns!

靠！

liekšķere

簸箕

krāsas bundža

油漆桶

skrūves

螺丝

# mūzikas instrumenti

# 乐器

skaļrunis
扬声器

bungas
打击乐器

kontrabass
低音提琴

trompete
小号

ģitāra
吉他

klavieres

钢琴

vijole

小提琴

bass

贝斯

timpāni

定音鼓

bungas

鼓

digitālās klavieres

电子琴

saksofons

萨克斯管

flauta

长笛

mikrofons

麦克风

tīģeris
老虎

ieeja
入口

būris
笼子

zebra
斑马

dzīvnieku barība
动物饲料

panda
熊猫

dzīvnieki

动物

zilonis

大象

ķengurs

袋鼠

degunradzis

犀牛

gorilla

大猩猩

lācis

熊

kamielis

骆驼

strauss

鸵鸟

lauva

狮子

pērtiķis

猴子

flamings

火烈鸟

papagailis

鹦鹉

polārlācis

北极熊

pingvīns

企鹅

haizivs

鲨鱼

pāvs

孔雀

čūska

蛇

krokodils

鳄鱼

zoodārza sargs

动物园管理员

ronis

海豹

jaguārs

美洲豹

zooloģiskais dārzs - 动物园

ponijs

矮种马

leopards

豹

nīlzirgs

河马

žirafe

长颈鹿

ērglis

老鹰

meža cūka

野猪

zivs

鱼

bruņurupucis

龟

valzirgs

海象

lapsa

狐狸

gazele

羚羊

amerikāņu futbols
橄榄球

riteņbraukšana
骑自行车

teniss
网球

basketbols
篮球

peldēšana
游泳

bokss
拳击

hokejs
冰球

futbols
英式足球

badmintons
羽毛球

vieglatlētika
田径

rokas bumba
手球

slēpošana
滑雪

polo
马球

lēkt
跳

smieties
笑

apskaut
拥抱

iet
走路

dziedāt
唱

sapņot
做梦

lūgt
祈祷

skūpstīt
亲吻

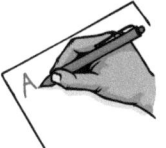

rakstīt
..........
书写

zīmēt
..........
画

rādīt
..........
展示

spiest
..........
推

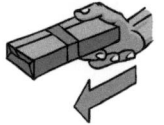

dot
..........
给

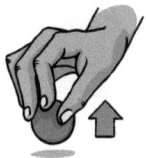

ņemt
..........
拿

būt
有

darīt
做

būt
当

stāvēt
站

skriet
跑

vilkt
拉

mest
扔

krist
摔倒

gulēt
躺

gaidīt
等待

nest
携带

sēdēt
坐

uzģērbt
穿衣

gulēt
睡觉

pamosties
醒来

skatīties

看

raudāt

哭

glāstīt

抚摸

ķemmēt

梳头

runāt

交谈

saprast

明白

jautāt

问

dzirdēt

听

dzert

喝

ēst

吃

sakārtot

清理

mīlēt

爱

vārīt

做饭

braukt

开车

lidot

飞

burot

航行

rēķināt

计算

lasīt

读

mācīties

学习

strādāt

工作

precēties

结婚

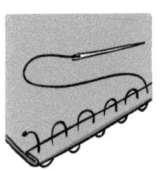

šūt

缝

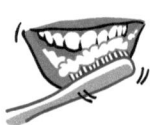

tīrīt zobus

刷牙

nogalināt

杀

smēķēt

抽烟

sūtīt

寄

# ģimene

# 家

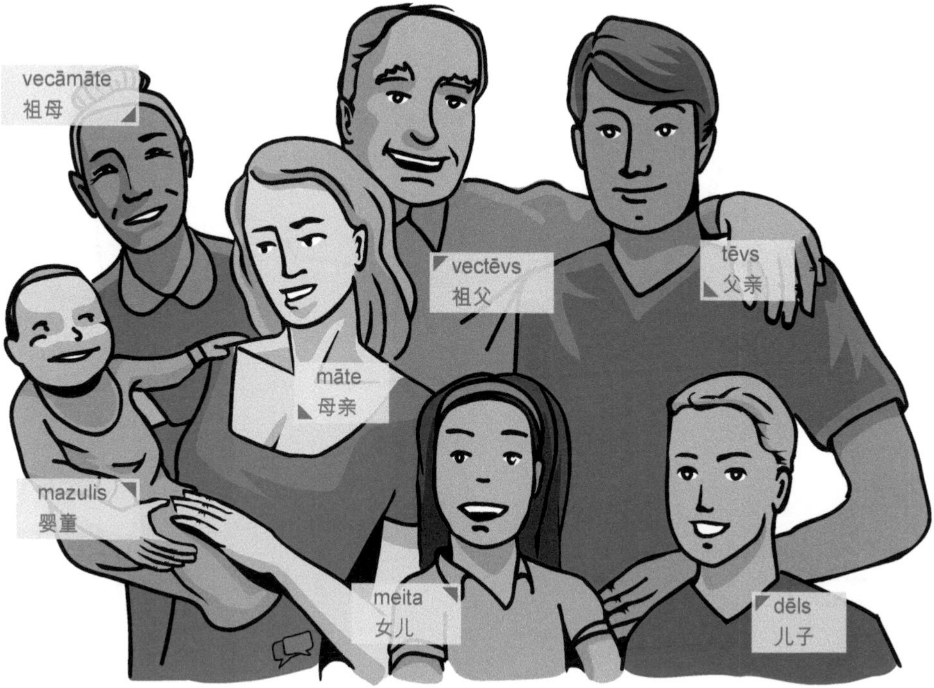
vecāmāte
祖母
vectēvs
祖父
tēvs
父亲
māte
母亲
mazulis
婴童
meita
女儿
dēls
儿子

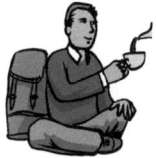

viesis

客人

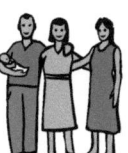

tante

阿姨

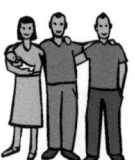

onkulis

叔叔

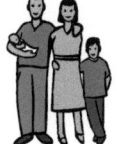

brālis

兄弟

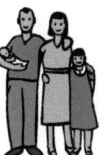

māsa

姐妹

# ķermenis

## 身体

piere
前额
acs
眼睛
plecs
肩膀
pirksts
手指
seja
脸
zods
下巴
roka
手
kāja
腿
krūtis
乳房
roka
手臂


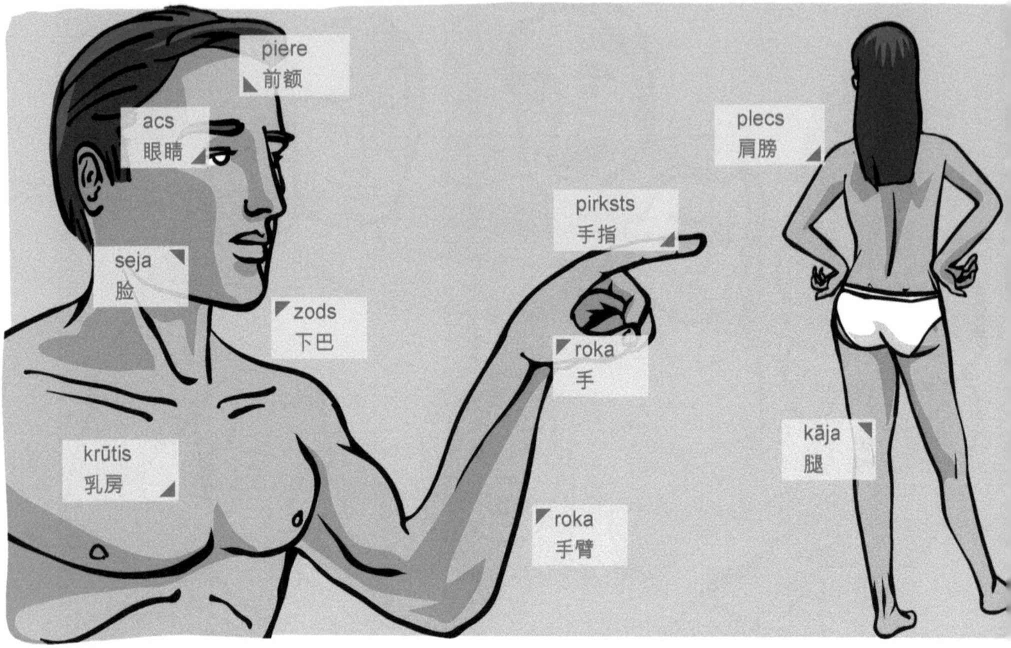

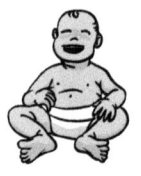

mazulis
婴童

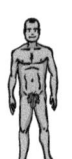

vīrietis
男人

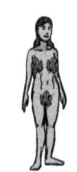

sieviete
女人

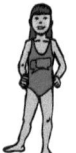

meitene
女孩

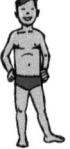

zēns
男孩

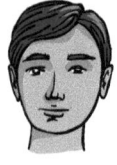

galva
头

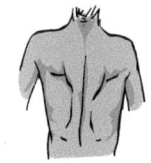

mugura

背部

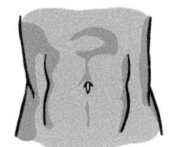

vēders

肚子

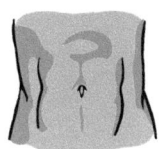

naba

肚脐

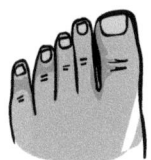

kājas pirksts

脚趾

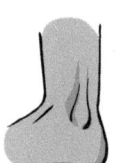

papēdis

脚后跟

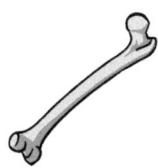

kauls

骨头

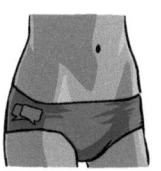

gurns

臀部

celis

膝盖

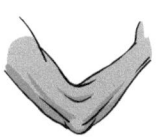

elkonis

手肘

deguns

鼻子

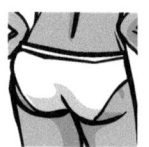

dibens

屁股

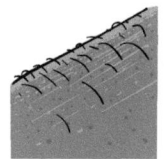

āda

皮肤

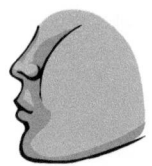

vaigs

脸颊

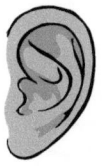

auss

耳朵

lūpa

嘴唇

mute

嘴

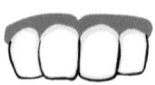

zobs

牙齿

mēle

舌头

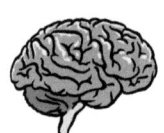

smadzenes

脑

sirds

心脏

muskulis

肌肉

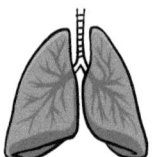

plaušas

肺

aknas

肝脏

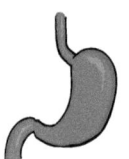

kuņģis

胃

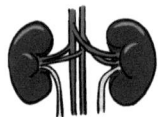

nieres

肾脏

dzimumakts

性交

kondoms

避孕套

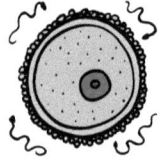

olšūna

卵子

sperma

精子

grūtniecība

怀孕

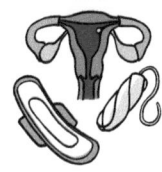

menstruācijas

月经

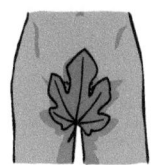

vagīna

阴道

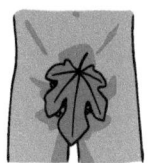

penis

阴茎

uzacs

眉毛

mati

头发

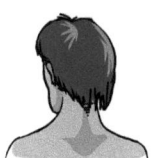

kakls

脖子

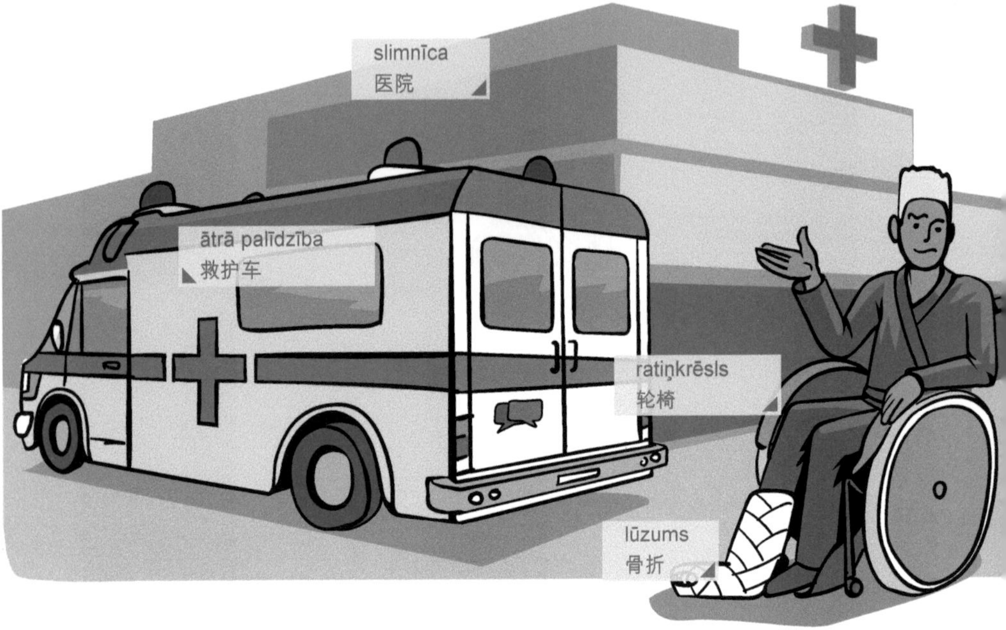

slimnīca
医院

ātrā palīdzība
救护车

ratiņkrēsls
轮椅

lūzums
骨折

ārsts

医生

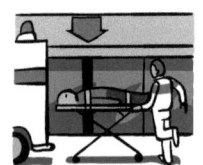

neatliekamās palīdzības
nodaļa

急诊室

medmāsa

护士

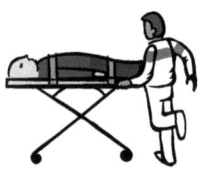

ārkārtas gadījums

紧急情况

paģībis

昏迷

sāpes

痛

ievainojums

受伤

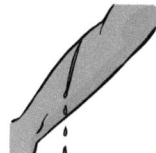

asiņošana

出血

sirdslēkme

心脏病发作

insults

中风

alerģija

过敏

klepus

咳嗽

temperatūra

发烧

gripa

流感

caureja

腹泻

galvassāpes

头痛

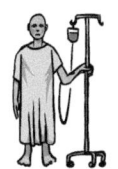

vēzis

癌症

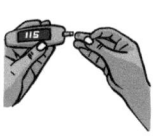

diabēts

糖尿病

ķirurgs

外科医生

skalpelis

手术刀

operācija

手术

datortomogrāfija

CT

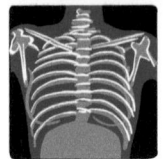

rentgents

X光

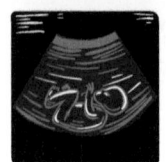

ultraskaņa

超声波

sejas maska

口罩

slimība

疾病

uzgaidāmā telpa

候诊室

kruķis

拐杖

plāksteris

石膏

apsējs

绷带

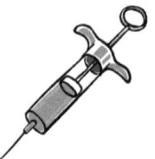

injekcija

注射

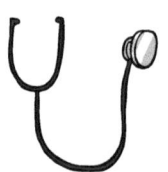

stetoskops

听诊器

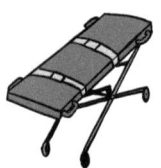

nestuves

担架

termometrs

体温计

dzemdības

出生

liekais svars

超重

dzirdes aparāts

助听器

dezinfekcijas līdzeklis

消毒液

infekcija

感染

vīruss

病毒

HIV / AIDS

艾滋病

zāles

药物

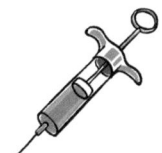

pote

接种疫苗

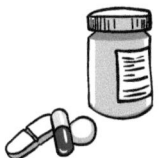

tabletes

药片

pretapauglošanās tablete

药丸

ārkārtas izsaukums

急救电话

asinsspiediena mērītājs

血压计

slims / vesels

生病/健康

Palīgā!

救命！

trauksme

警报

uzbrukums

突击

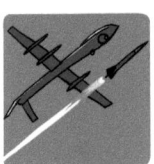

uzbrukums

攻击

bīstamība

危险

avārijas izeja

紧急出口

Uguns!

着火啦！

ugunsdzēšamais aparāts

灭火器

negadījums

意外

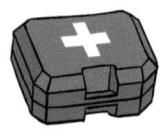

pirmās palīdzības aptieciņa

急救箱

SOS

呼救信号

policija

警察

Eiropa

欧洲

Ziemeļamerika

北美洲

Dienvidamerika

南美洲

Āfrika

非洲

Āzija

亚洲

Austrālija

澳洲

Atlantijas okeāns

大西洋

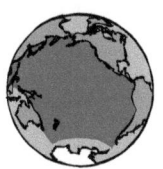

Klusais okeāns

太平洋

Indijas okeāns

印度洋

Dienvidu okeāns

南冰洋

Ziemeļu ledus okeāns

北冰洋

Ziemeļpols

北极

Dienvidpols

南极

Antarktika

南极洲

zeme

地球

zeme

陆地

jūra

海

sala

岛

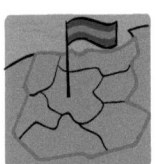

nācija

国家

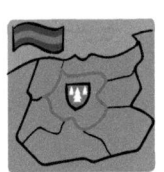

valsts

国家

ciparnīca

钟面

stundu rādītājs

时针

minūšu rādītājs

分针

sekunžu rādītājs

秒针

Cik ir pulkstenis?

现在几点？

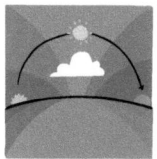

diena

天

laiks

时间

tagad

现在

digitālais pulkstenis

电子表

minūte

分

stunda

时

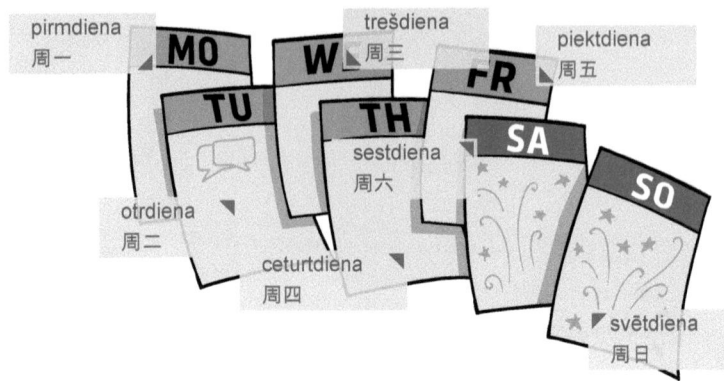

pirmdiena
周一

trešdiena
周三

piektdiena
周五

sestdiena
周六

otrdiena
周二

ceturtdiena
周四

svētdiena
周日

vakardien
昨天

šodien
今天

rītdien
明天

rīts
早晨

pusdienlaiks
中午

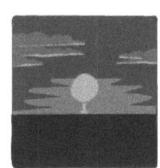

vakars
晚上

darbadienas
工作日

brīvdienas
周末

# gads
## 年

lietus
雨
varavīksne
彩虹
vējš
风
sniegs
雪
pavasaris
春
rudens
秋
vasara
夏
ziema
冬

4.APRIL 11°
5.APRIL 4°
6.APRIL 13°
7.APRIL 8°
8.APRIL 10°

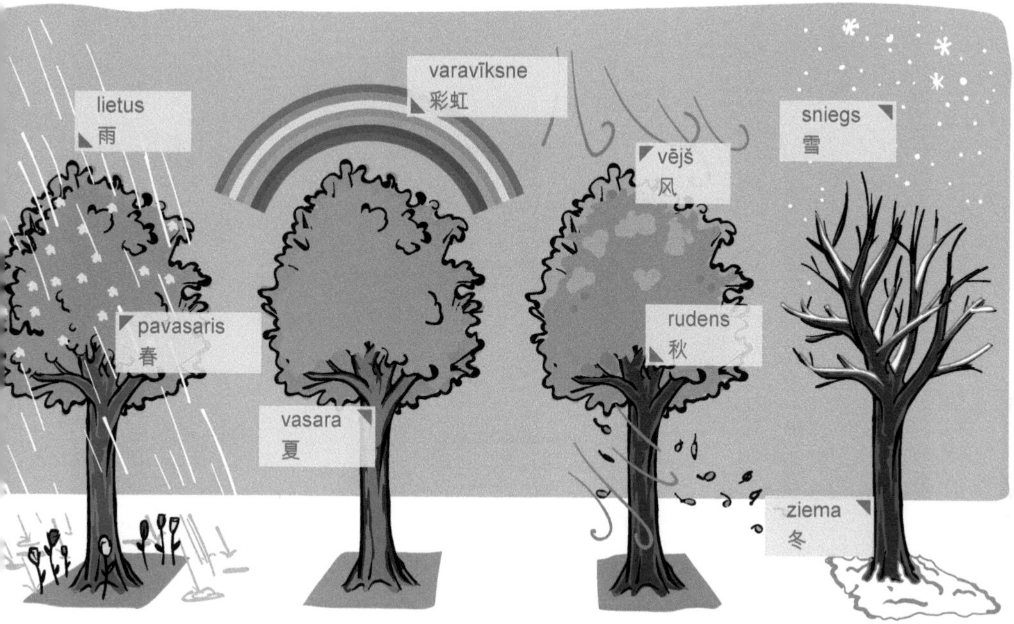

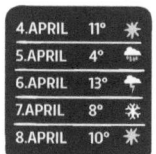

laika prognoze
天气预报

F
C
120
90
60
30
0
-30
40
30
20
10
0
-10
-20

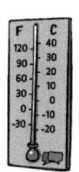

termometrs
温度计

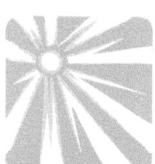

saules gaisma
阳光

mākonis
云

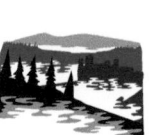

migla
雾

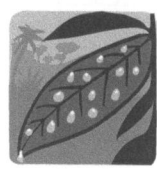

gaisa mitrums
潮湿

zibens

闪电

pērkons

打雷

vētra

风暴

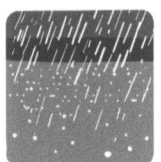

krusa

冰雹

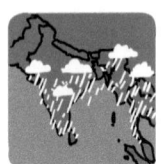

musons

季风

plūdi

洪水

ledus

冰

janvāris

一月

februāris

二月

marts

三月

aprīlis

四月

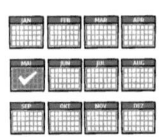

maijs

五月

jūnijs

六月

jūlijs

七月

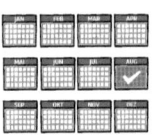

augusts

八月

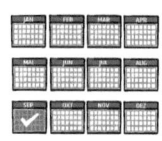

septembris
..................
九月

oktobris
..................
十月

novembris
..................
十一月

decembris
..................
十二月

## formas

## 形状

aplis
..................
圆形

kvadrāts
..................
正方形

četrstūris
..................
长方形

trīsstūris
..................
三角形

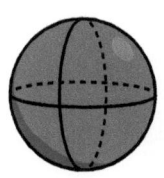

lode
..................
球体

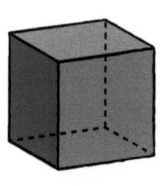

kubs
..................
立方体

balts

白

dzeltens

黄

oranžs

橙

sārts

粉

sarkans

红

lillā

紫

zils

蓝

zaļš

绿

brūns

棕

pelēks

灰

melns

黑

daudz / maz

很多/少许

saniknots / miermīlīgs

生气/平静

skaists / neglīts

美/丑

sākums / beigas

首/尾

liels / mazs

大/小

gaišs / tumšs

明/暗

brālis / māsa

兄弟/姐妹

tīrs / netīrs

干净/肮脏

pilnīgs / nepilnīgs

完整/缺失

diena / nakts

白天/晚上

miris / dzīvs

死/生

plats / šaurs

宽/窄

baudāms / nebaudāms

可食用/非食用

nikns / laipns

邪恶/善良

satraukts / garlaikots

兴奋/无聊

resns / tievs

胖/瘦

pirmais /pēdējais

第一/最后

draugs / ienaidnieks

朋友/敌人

pilns / tukšs

满/空

ciets / mīksts

硬/软

smags / viegls

重/轻

izsalkums / slāpes

饿/渴

slims / vesels

生病/健康

nelegāls / legāls

非法/合法

inteliģents / dumjš

聪明/愚笨

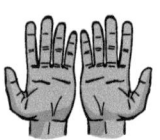

kreisais / labais

左/右

tuvu / tālu

近/远

jauns / lietots

新/旧

nekas / kaut kas

没有/有些

vecs / jauns

老/幼

ieslēgts / izslēgts

开/关

atvērts / slēgts

打开/合上

kluss / skaļš

安静/吵闹

bagāts / nabags

富/穷

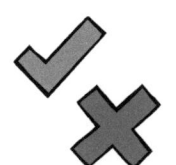

pareizi / nepareizi

对/错

raupjš / gluds

粗糙/光滑

noskumis / laimīgs

伤心/高兴

īss / garš

短/长

lēns / ātrs

慢/快

slapjš / sauss

湿/干

silts / vēss

温暖/凉爽

karš / miers

战争/和平

**0**

nulle

零

**1**

viens

一

**2**

divi

二

**3**

trīs

三

**4**

četri

四

**5**

pieci

五

**6**

seši

六

**7**

septiņi

七

**8**

astoņi

八

**9**

deviņi

九

**10**

desmit

十

**11**

vienpadsmit

十一

**12**

divpadsmit

十二

**13**

trīspadsmit

十三

**14**

četrpadsmit

十四

**15**

piecpadsmit

十五

**16**

sešpadsmit

十六

**17**

septiņpadsmit

十七

**18**

astoņpadsmit

十八

**19**

deviņpadsmit

十九

**20**

divdesmit

二十

**100**

simts

百

**1.000**

tūkstotis

千

**1.000.000**

miljons

百万

anglu

英语

amerikāņu anglu

美式英语

ķīniešu mandarīnu valoda

普通话

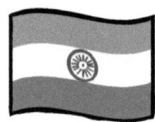

hindi

印地语

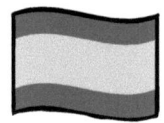

spāņu

西班牙语

franču

法语

arābu

阿拉伯语

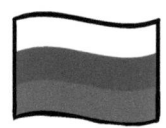

krievu

俄语

portugāļu

葡萄牙语

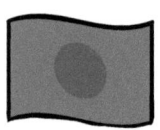

bengāļu

孟加拉语

vācu

德语

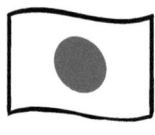

japāņu

日语

es

我

tu

你

viņš / viņa

他/她/它

mēs

我们

jūs

你们

viņi / viņas

他们

kas?

谁？

ko?

什么？

kā?

怎样？

kur?

哪里？

kad?

什么时候？

vārds

名字

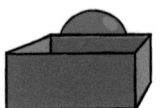

aiz

后面

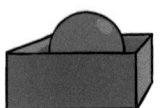

iekšā

里面

priekšā

前面

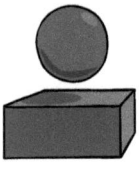

virs

上方

uz

上面

zem

下面

blakus

旁边

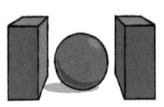

starp

中间

vieta

地点